Horst Utke • Korruption

Mit Gedichten und Illustrationen von Samis Phelan

KORRUPTION KORRUPTION KORRUPTION KORRUPTION
MORAL MORAL MORAL MORAL MORAL MORAL MORAL
KORRUPTION KORRUPTION KORRUPTION KORRUPTION
MORAL MORAL MORAL MORAL MORAL MORAL MORAL
KORRUPTION KORRUPTION KORRUPTION KORRUPTION
MORAL MORAL MORAL MORAL MORAL MORAL MORAL
KORRUPTION KORRUPTION KORRUPTION KORRUPTION
MORAL MORAL MORAL MORAL MORAL MORAL MORAL
KORRUPTION KORRUPTION KORRUPTION KORRUPTION
MORAL MORAL MORAL MORAL MORAL MORAL MORAL
KORRUPTION KORRUPTION KORRUPTION KORRUPTION
MORAL MORAL MORAL MORAL MORAL MORAL MORAL
KORRUPTION KORRUPTION KORRUPTION KORRUPTION
MORAL MORAL MORAL MORAL MORAL MORAL MORAL
KORRUPTION KORRUPTION KORRUPTION KORRUPTION
MORAL MORAL MORAL MORAL MORAL MORAL MORAL
KORRUPTION KORRUPTION KORRUPTION KORRUPTION
MORAL MORAL MORAL MORAL MORAL MORAL MORAL
KORRUPTION KORRUPTION KORRUPTION KORRUPTION
MORAL MORAL MORAL MORAL MORAL MORAL MORAL
KORRUPTION KORRUPTION KORRUPTION KORRUPTION
MORAL MORAL MORAL MORAL MORAL MORAL MORAL
KORRUPTION KORRUPTION KORRUPTION KORRUPTION
MORAL MORAL MORAL MORAL MORAL MORAL MORAL
KORRUPTION KORRUPTION KORRUPTION KORRUPTION
MORAL MORAL MORAL MORAL MORAL MORAL MORAL
KORRUPTION KORRUPTION KORRUPTION KORRUPTION
MORAL MORAL MORAL MORAL MORAL MORAL MORAL
KORRUPTION KORRUPTION KORRUPTION KORRUPTION
MORAL MORAL MORAL MORAL MORAL MORAL MORAL
KORRUPTION KORRUPTION KORRUPTION KORRUPTION
MORAL MORAL MORAL MORAL MORAL MORAL MORAL
KORRUPTION KORRUPTION KORRUPTION KORRUPTION
MORAL MORAL MORAL MORAL MORAL MORAL MORAL
KORRUPTION KORRUPTION KORRUPTION KORRUPTION

Gedichte

Edition AVRA

Bibliografische Information der Deutschen Nationalbank

Die Deutsche Nationalbibliothek verzeichnet diese Publikation in der Deutschen Nationalbibliografie. Detaillierte bibliografische Daten sind im Internet abrufbar über: http://dnb.d-nb.de

Eine Marke der Frieling & Huffmann GmbH & Co.KG
Rheinstraße 46 / 12161 Berlin
Telefon: 030 / 76 69 99-0
www.frieling.de
ISBN (Print): 978-3-8280-3880-6
1. Auflage 2024
Umschlaggestaltung, Layout & Illustrationen: Samis Phelan

INHALT

ANGEDACHTES ~ Horst Ukte

Korruption 12

Gift 14

Folgenreich 15

Zähmung 16

Leistungsgesellschaft 17

Befreiung 18

Massstab 19

Fragwürdiges 20

Januar 22

Abendstimmung 2022 23

Prägung 24

Die Kurtisane und die Liebe 25

Bipolare Morgenstimmung 26

Druckempfehlung 28

Realität 30

Freiheitssteigerung 31

Paarbildung 32

Duftiges 33

Tipp 34

Einfach Genial 35

Wildwuchs 36

BEDACHTES ~ Horst Ukte

Neugier 38

Markenware 39

Pech 40

Space X u.a. 41

Ausgestiegen 42

Fehlschüsse 43

Lebensgefahr 44

Kommunizierende Gefühle 46

Falsche Richtung 48

Frostiges 49

Ostern 2024 50

Körniges 52

Daneben 54

Traumschloss 55

Patientenfeeling 56

Frohe Botschaft 58

Frei und Glücklich 59

Wirkungen 60

Mondlicht 61

Irrtum und Wahrheit 62

DURCHDACHTES ~ Horst Ukte

Soziale Scherung 64

Seelenwanderung 66

Olympisches Nachspiel (Peking 2022) 67

Trugschluss? 68

Hitzefantasien 70

Lügenviren 72

Logelei 73

Altgriechisch 74

Begrenzt und Eingezwängt 76

Resümee 78

Ausweglos 80

Prügeleien 82

Falsche Hoffnung 83

Teuflisch 84

Die Wohltäter 86

Nachruf 88

Falsche Fakultät 89

Bilanz 90

Flucht 92

Ost und West 94

Rat Schlag 96

ZUGEDACHTES ~ Horst Ukte

Gesellschaftstanz 98

Eigenartig 100

Waldsymphonie 101

Prophetisch 102

Nähe 104

Freiheit? 106

KI 107

West-Östliche Divergenz 108

Vorbildlich 110

Hamsterrad 112

3. Anlauf 113

Führungslos 114

Der freie Bürger 116

Am Ende 118

Artensterben 120

NEUGEDACHTES ~ Samis Phelan

Er 122

Lebenszweige 123

Sehnsucht - Teil Eins 124

Sehnsucht - Teil Zwei 125

Still... 126

Sichtweisen 127

Wintertage 128

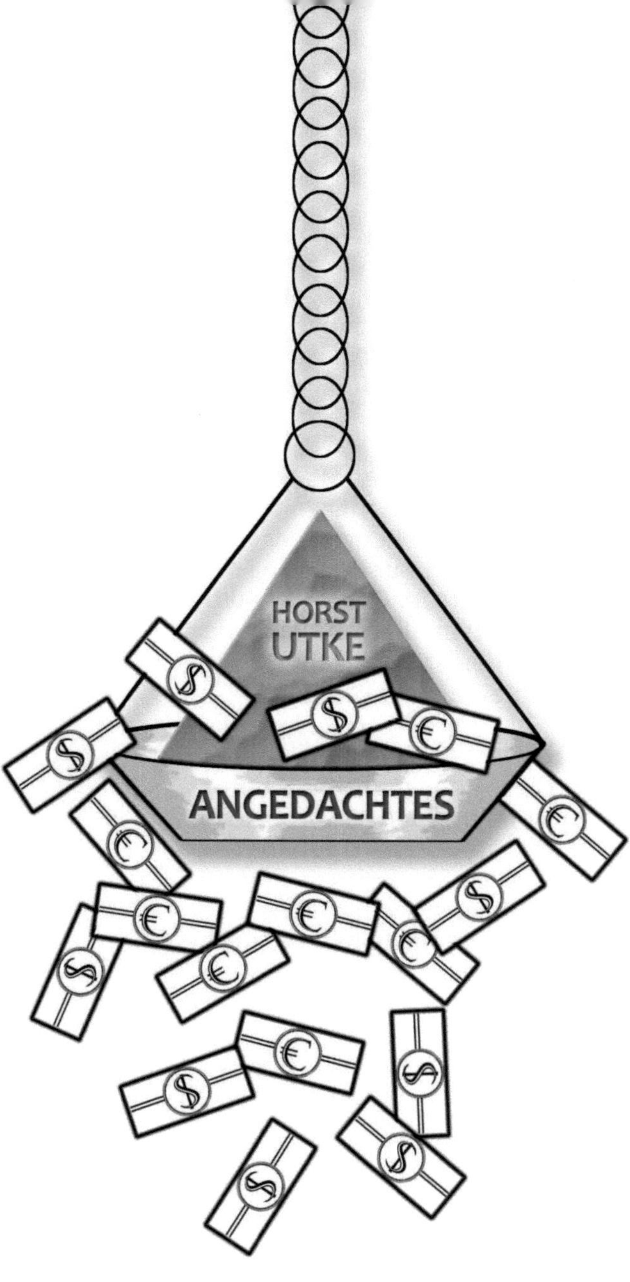
HORST
UTKE
ANGEDACHTES

KORRUPTION

Moral gibt es als Ganzes nur,
man kann sie nicht zerlegen.
Das Geld als Zahlungsmittel pur
gestückelt sehr hingegen,
so fließt es dann passabel
von Hand zu Hand variabel.

Im Leben gibt es oft den Fall,
dass Geld sich trifft mit der Moral
auf einer Balkenwaage,
dann steht nur noch die Frage,
wie hoch der Geldbetrag wohl steigt,
bis sich der Balken zu ihm neigt.
Nur das ist praktikabel,
Moral ist nicht variabel.

Diese geheime Transaktion
Ist rechtswidrige Korruption
und als Geschäftsgebaren
floriert sie schon seit Jahren,
weil viele es versuchen
von dem Gemeinschaftskuchen
sich einen möglichst großen Happen
fürs eigene Portefeuille zu schnappen.

Auch heute ist nicht frei davon
die Europäische Union,
selbst Vize Präsidentinnen
können ihr nicht entrinnen.

Hypnotisch zieht`s in dieser Welt
fast jeden immer nach mehr Geld,
lockt irgendwo so eine Summe,
bleibt ehrlich dann nur noch der Dumme.

Die Korruption lebt illegal
symbiotisch mit dem Kapital,
sie kennt nur Geld, keine Moral.

Die griech. Vizepräsidentin des Europ. Parl. Kaili wurde
2022 wegen Korruption abgesetzt

GIFT

Geld macht es möglich,
dass selbst unsäglich
menschenrechtswidriges Treiben
toleriert wird, um im Geschäft zu bleiben.

So vergiftet man von Fall zu Fall
Anstand, Sitte und Moral
Auch in den Vorzeigedemokratien,
wo all dies gedeihen sollte und blüh'n.

Ein langsam wirkendes, tödliches Gift,
dass fast die gesamte Menschheit betrifft,
wenn jeder selbst sich überprüft,
wie stark bei ihm schon wirkt dieses Gift.

FOLGENREICH

Das Schönste ist an der Demokratie,
man darf lautstark schimpfen über sie.
Wer irgendwelche Sorgen hat,
schimpft dann zuerst einmal auf den Staat,
denn der muss ständig darüber wachen,
dass alle gesetzeskonform alles machen
und nicht aus rein persönlichen Zwecken
beständig bei ihren Nachbarn anecken.
Das engt doch erwachsene Bürger ein,
man möchte ein freier Mensch schließlich sein.
So findet man jeder Zeit einen Grund
und tut dies durch Schimpfen und Meckerei kund.

Auch in dem höchsten Parlament
ist diese Freiheitsform ständig präsent.
Kämpferisch immer in Position
allen voran die Opposition.
Sie findet jede Regierung schlecht,
weil sie selbst gerne regieren möcht.
Alles kann sie letztendlich viel besser,
man schimpft und streitet oft bis aufs Messer.

Solch öffentlicher Meinungsstreit
hat viel für sich, trägt aber weit.
Wenn alle Würde verloren geht,
das Ganze als schlechtes Vorbild steht.
Schon liest man von Schülern in diesen Tagen,
die pöbeln, schimpfen, und sich erschlagen.

ZÄHMUNG

Schon früh warnte man, vor Extremen
müsse ein jeder in Acht sich nehmen.
Freiheit pur wär zu begrüßen,
jeder würde gerne genießen,
was er selbst so für Freiheit hält,
tun und lassen was ihm gefällt.

Solcherart Freiheitsgebaren
birgt jedoch enorme Gefahren,
Chaos wäre bald überall
bremste man nicht diesen Freiheitsfall.

Das wurde schon sehr früh erkannt
und mit Gesetzen dann gebannt.
Jetzt wird Freiheit darin gesehen,
diese Gesetze zu umgehen.

LEISTUNGSGESELLSCHAFT

Betrug grassiert fast überall
in dieser wunderlichen Welt,
wer sich dabei geschickt anstellt,
wird reich belohnt auf jeden Fall,
weil heute das als Leistung zählt.

BEFREIUNG

Es ist ein Land,
es glaubt die Freiheit zu symbolisieren,
mit einer Fackel trägt es sie voran.
Vom Weihnachtsfest lässt es sich inspirieren,
als Weltenretter sieht selbst es sich an,
als Gott gesandter Weltbefreier.
Doch das Ergebnis: Ungeheuer.

Hiroshima und Vietnam,
Afghanistan, Irak und Chile,
ein paar nur, doch schon viel zu viele.
Millionen tote Augen schreien:
Es läuft was falsch mit dem Befreien.

MASSSTAB

Die Zahl der Leichen
in seinem Keller
gibt Auskunft darüber
wie schnell er,
wie weit er
empor steigt
auf der Karriereleiter.

FRAGWÜRDIGES

Wer auferlegt sich diese Bürde
und hinterfragt das Wörtchen WÜRDE,
stellt dann verwundert sehr bald fest,
dass es sich nicht leicht fassen lässt.
Am Anfang scheint es sonnenklar,
Artikel eins, unantastbar!
Ein Sockel fest, selbst starkes Rütteln
schafft nicht, die Würde abzuschütteln.
Doch was verhüllt der Glorienschein
alles prallt ab, nichts kommt hinein.

Ist Würde wirklich Gott gegeben?
Hat man sie, tritt man ein ins Leben,
weil wir ihm etwas ähnlich sind,
hat Würde somit jedes Kind,
geht sie im Leben nie perdue,
Artikel eins-Tautologie?

Muss man sie sich erst selbst gestalten
durch sittsam ethisches Verhalten?
Gehören etwa Macht und Geld
zu dem, was man für Würde hält,
wird man ins Würdenamt gewählt
nur mit genügend Taschengeld?

Ist`s würdevoll, wenn sie mit starken
Worten in Parlamenten sich beharken
und Unrat über sich ergießen,
tritt das die Würde nicht mit Füssen?

Besonders Flüchtlingspolitik
wird zum makabren Possenstück.
Bei Folter, Kriegen, Sklaverei
ist Würde reine Heuchelei.
Auch was soziale Medien bieten,
sind oft sehr würdelose Blüten.

Der Glorienschein mutiert zum Schleier,
dezent verdeckt er faule Eier,
im Großen und Ganzen ist Würde verglüht,
im Inneren Einzelner lebt sie und blüht.
Hier wird die Würde transparent,
wenn ihr Entzug im Herzen brennt.

Wem dies schon einmal ist geschehen,
mit Arbeit, Achtung und Ansehen,
wer dieses Brennen selber spürte
kennt sie sehr gut die Menschenwürde
und ihm wird auf der Stelle klar,
sie ist verletzlich, antastbar.

JANUAR

Die Tage sind so trübe,
dass ich im Bett gern bliebe,
um mit dem Tag mich zu versöhnen
mit einer hinreißenden schönen
und spannenden Lektüre
bis irgendwas ich spüre
und denk an Druckgeschwüre,
um mich doch zu erheben
und aufrecht dann zu leben.

ABENDSTIMMUNG 2022

Abends still in der Sonne sitzen,
mild ihre Wärme, kein Sengen, kein Schwitzen.
Die Luft bewegt nur der Atemhauch
der singenden Vögel in Busch und Strauch
und der Flügelschlag von Schmetterlingen,
die sich verliebt in die Lüfte schwingen,
ringsherum Grün und Blütenpracht.

Nichts davon ist von Menschen gemacht,
nur diese riesige Mogelei,
es blüht im April, was einst blühte im Mai.

PRÄGUNG

Sie hatten ein Spielzeug
als sie noch klein
zu dem sie sehr
innig, lieb und nett
und natürlich,
wie könnte es anders sein,
musste es abends
mit in das Bett.

Doch oft, wenn die Stimmung
nicht sehr gediegen,
blieb es auch tagelang
irgendwo liegen.

Dies, in der Kindheit
geprägte Verhalten,
bleibt so oft lebenslang erhalten
und wird von damals
bis heute und jetzt
mit den Lebenspartnern
dann fortgesetzt.

DIE KURTISANE UND DIE LIEBE

Beim professionellen Liebesspiel
so manches Wort über Liebe fiel.
Die romantische Liebe sei eine Fiktion,
in menschlichen Hirnen erschaffen,
zwischen Realität und dieser Vision
würden gähnende Abgründe klaffen.

Das Verschmelzen von Körpern und Seelen
sich männlich selbst induziert,
feminin kann es ganz fehlen,
da nicht so sensibilisiert.
Hier fokussiert man auf Ökonomie
und ein gesichtertes Leben,
gesellt sich dazu auch noch Symphatie
läuft es meist glatt und eben.

Doch diese kleine Gefühlsdiskrepanz
wirkt störend bei jedem gemeinsamen Tanz
man sitzt so zwischen den Stühlen
mit seinen großen Gefühlen
und sourced dann irgendwann out
was innerlich aufgestaut.

Zusammenleben läuft so irgendwie
immer mit Open End Strategie.
Das wollte mit Gott man einst heilen,
kein Mensch sollte es danach teilen,
doch Millionen täglicher Freier
zerreißen den heiligen Schleier.

BIPOLARE MORGENSTIMMUNG

Schon zu Ende ist die Nacht,
wenn er aus dem Schlaf erwacht.
Sein Augenlid hebt sich nur schwer,
nebenan das Bett ist leer,
wo doch jemand liegen müsste,
den er noch am Abend küsste.

Seine Seele kanns nicht fassen,
dass sie so allein gelassen
und wird auf der Stelle traurig,
denn ein leeres Bett wirkt schaurig,
treibt spontan ihn und beflissen
gleich aus seinen weichen Kissen
hin zur morgendlichen Runde
mit viel weißem Schaum im Munde
um sich sportlich auch zu zeigen,
macht er noch ein paar Kniebeugen,
und versucht mit Liegestützen,
der Gesundheit viel zu nützen.

Doch so recht fehlt ihm die Lust,
denn in ihm steckt noch der Frust.

Mittlerweile ziemlich munter
trabt er dann die Treppe runter.
Hier liegt wohlig in der Luft
frisch gebrühter Kaffeeduft,
der sich in die Nase schmeichelt
und sanft seine Seele streichelt,
sauber blank geputzte Beeren
laden ein, sie zu verzehren,
alles steht bereit zum Essen,
lässt das leere Bett vergessen.

Solcherart Lebenspassagen
seelisch harter Druckmassagen
hat er nicht allein - fällt ihm plötzlich ein:
„Himmelhoch jauchzend, zum Tode betrübt,
glücklich allein ist die Seele, die liebt.“

---

*Goethe Egmont

DRUCKEMPFEHLUNG

Sie kam zu mir aus freien Stücken,
um mich ganz einfach mal zu drücken.
Wir standen beide Bauch an Bauch
sie drückte mich und ich sie auch.

Wir hatten beide keine Eile
und standen, eng so eine Weile,
wobei ich wohlig es genoss,
wie ihre Wärme in mich floss,
bis sie dann löste ihren Arm,
noch sagte: „Du bist so schön warm"
und dann entschwand.

Jedoch ich stand
verwundert und sinnierte,
wie das trotz Hauptsatz funktionierte,
dass jeder warm den andren spürt,
wenn man sich eng genug berührt.

Löste das nicht gleich sehr bequem
weltweit das Energieproblem
und induzierte zudem Schwärme
von zwischenmenschlich echter Wärme?
Auf jeden Fall kann man durch Drücken
die Welt doch etwas mehr beglücken.

---

2. Hauptsatz der Thermodynamik:
Wärme fließt nur von wärmeren zu kälteren Körpern.

REALITÄT

Sieht man das Leben nur rein rational,
ist es nicht bunt und gar nicht weit,
nur einfach vierdimensional,
drei für den Raum eine für Zeit.

Jedoch zum Leben zählt die Psyche,
da geht dies Bild schnell in die Brüche.
Man liest sehr viel und hört
was sich von Hass bis Liebe so versteckt
und ist oft ziemlich stark verstört
und manches Mal auch sehr erschreckt.

FREIHEITSSTEIGERUNG

Die Steigerung von frei ist freier,
mehr Freiheit winkt als Lohn.
Die das ausnutzen nennt man Freier,
täglich so eine Million.

Glaubt man dem Allerneuesten,
ist man jedoch am freiesten,
fühlt Freiheit in Potenz
mit Kunstintelligenz
im wohlgeformten Silikon.

PAARBILDUNG

Wenn ein Homo Duplex*
zum anderen findet,
ihr Es* sich dabei
harmonisch verbindet
und im Über-Ich* Funken
von Glück entzündet,
ist das hinreichend,
vielleicht notwendig sogar,
für ein stabiles, richtig
glückliches Paar.

* E. Durkheim & S. Freud

DUFTIGES

„Morgenstunde hat Gold im Munde."

Weisheit, oder nur Phrase?
liegt morgens Kaffeeduft
wohltuend in der Luft,
ist es bei mir in der Nase.

TIPP

Ein Schritt zurück
ist oft das Stück,
dass deinem Anlauf fehlt,
es gibt dem Sprung
erst richtig Schwung
und Weite, die dann zählt.

EINFACH GENIAL

Er hat es nie im Leben versucht,
die Psyche der Frau zu erkunden,
er wusste, er hätte umsonst gesucht
und nie eine Formel gefunden.
Einfach dagegen schien diesem Genie
seine Relativitätstheorie.

WILDWUCHS

Die Wurzeln der Liebe
sind Urtriebe
der Evolution,
die emporranken
zu Gedanken,
zur Inspiration
und in diesen Sphären
Blüten gebären
voller Faszination.

Damit sie Sprießen
ab und an gießen!

HORST
UTKE
BEDACHTES

NEUGIER

Neugier ist Lebenselixier,
wenn NEU, nicht GIER
fest im Visier.

MARKENWARE

Zuneigung, die man
manchmal erfährt,
hängt oft ab
von dem Geldeswert,
den man ihr
zur Verfügung stellt,
nichts ist umsonst
in dieser Welt.

Auch Achtung
wird dann hochgestuft,
wenn Geld dahinter,
sonst nur Luft.

PECH

Ein Mann hat einen neuen Zahn,
einen sehr schönen weißen.
Er freut sich, denn er kann fortan
auch zähes Fleisch zerbeißen.

Doch das Infame ist daran,
die Frau vom neu bezahnten Mann
beschloss soeben, ganz spontan,
sie kocht ab jetzt nur noch vegan.

SPACE X u.a.

Ein Zweifel hier wohl sinnvoll wäre,
ob das mit dieser Weltraumfähre
auch gut für unsre Atmosphäre,
wenn sie nur ein paar Millionäre
hochschießt, damit die ohne Schwere
mal spüren etwas Leichtigkeit,
scheint das doch wohl nicht sehr gescheit.

Zumal die Riesenfähre
zerbrach, eh in der Leere
des Weltalls eingetroffen.

Doch es bleibt weiter offen,
wann darf die Menschheit hoffen,
dass künftig diese Gelder
bewässern trockne Felder
und pflanzen neue Wälder.

AUSGESTIEGEN

Er sah die Welt durch eine dunkelgraue Brille.
Die ganze Welt sei für ihn nichts als Gülle
in der nur alle rühren,
um den Gestank zu schüren
gut für die Aktionäre,
schlecht für die Atmosphäre
die sich jetzt oft eintrübt
und urgewaltig übergibt.

Er weigerte sich, arbeiten zu gehen,
das würde nur den Reichtum einiger erhöhen.
Zwar sah er Arbeit als die einzig wahre Kraft,
die Neues und reale Werte schafft,
doch das, was dabei kollektiv erschaffen,
würden zum großen Teil Wenige an sich raffen,
die dann mit diesem Geld
sich eine Pseudowelt,
die der Finanzen etablieren,
um doppelt abzuzocken und zu profitieren
und dafür ganz speziell,
um nicht zu sagen kriminell,
mit Hilfe von Juristen
den Staat zu überlisten,
um noch mehr Geld heraus zu spülen.

Das widerspräche den moralischen Gefühlen.
Darum lässt er sich nicht verführen,
in dieser Suppe mit zu rühren.

FEHLSCHÜSSE

Wer nach dem Motto Zahn um Zahn
auf Rache sinnt gleich ganz spontan,
wenn man ihm etwas angetan...

Wer annektiert, besetzt und raubt
und daran glaubt,
dass Macht ihm auch Gewalt erlaubt...

Wer in den ärmsten Winkeln dieser Welt
nur Ausschau danach hält,
ob für ihn Geld abfällt,
hat sein Visier falsch eingestellt...

LEBENSGEFAHR

„Alle Menschen werden Brüder."

Wird den Menschen immer wieder
mittels chorgewaltger Lieder
jährlich ins Gehirn gehämmert,
doch kaum Zeichen, dass es dämmert.

Man sollte alle Bosse in das Weltall schicken,
damit mit eignen Augen sie erblicken
wie klein und wie zerbrechlich dieser Ball,
der Erde heißt im eisig kalten Weltenall.

Vielleicht würden sie dann verstehen
und sorgsamer mit diesem Ball umgehen.
Der Planet selbst, der ist nicht in Gefahr,
jedoch das Leben, das er einst gebar.

Für dieses Leben wird es schwer,
wenn wir so weiter machen, wie bisher.

Was können Kinder, Enkel dann noch nutzen,
wenn Umwelt wir und Klima weiter so verschmutzen
und mit den Bodenschätzen aasen
bleiben zum Überleben nur ein paar Oasen
in die dann alle drängen aus Überlebenszwängen.

Der Trend ist heute schon zu spüren,
in den Oasen aber schließt man bald die Türen.

Der evolutionäre Widerspruch
Stärke - Moral ist schon seit jeher Fluch,
der sich nicht lösen lässt durch Beten
auf diesem jetzt oft böse werdenden Planeten.

Hier hilft nur radikal ein Schnitt
in diese Jagd nach mehr Profit.
Es müssen alle in die gleiche Richtung ziehen,
um einem Kollaps zu entfliehen
und eine ganz allein kann es nur geben,
Mensch, rette Mutter Erde doch ihr Leben!

KOMMUNIZIERENDE GEFÜHLE

Im Laufe menschlicher Evolution
waren Streicheln und sich Berühren
Urformen der Kommunikation,
um Gefühle zu transportieren
und anderen mitzuteilen,
man möchte bei ihnen verweilen.

Erst später kamen Sprache und Schrift
und viele griffen zu Tinte und Stift,
um Gefühle zu kommunizieren
auf Kosten von sich berühren.

Das Gefühlsleben wurde sehr ideell,
in Briefen und Liebesgedichten
konnte man sehr einfach und schnell
von seinen Gefühlen berichten
und später sie dann noch per Ton,
leise flüstern durchs Telefon.

Heute chatten Gefühle aller Couleur
im Internet täglich hin und her.
Der latent vorhandene Schweinehund
macht sich jetzt lautstark digital kund.

Sich richtig gehen lassen,
beleidigen, schimpfen und auch hassen
ist oft der aktuelle Ton
sozialer Kommunikation,
da sie anonym,
aber doch legitim.

Die Fakten sind deutlich, warnen und drohen,
die Gefühle könnten weiter verrohen
und jene sich an die Spitze setzen,
die am brutalsten die andren verletzen,
ohne Skrupel betrügen
und schamlos lügen.

Ein weiter so birgt real die Gefahr,
dass alles verschwindet was wunderbar war.

FALSCHE RICHTUNG

Das ewig Weibliche zieht uns hinan*
schrieb vor Jahren tatsächlich ein Mann,
hinauf zu höheren geistigen Sphären,
doch was ist von Me Too heute zu hören?
Ganz Unbeschreibliches wird hier getan,
hinab zieht es jetzt so manchen Mann,
denn Mephistos Macht wuchs seitdem stark an.

*Goethe Faust 2 Finale

FROSTIGES

Jeden Herbst ist dieses Schauspiel zu sehn,
Büsche und Bäume färben sich schön
bevor sie sich langsam entkleiden.

Müssen sie deshalb leiden,
wenn der Frost sie erst leise und leicht berührt,
sein drängendes Werben dann stark forciert,
bis er sie eiskalt überfällt
und sich mit ihnen vermählt?

Manche behalten ihr grünes Kleid.
Gibt es ihnen Halt
gegen kalte Gewalt
in gefährlicher Zeit?

Warum nur all diese Fragen?
Sollte man nicht den Farbentraum
den uns jährlich bieten Busch und Baum
mit innerer Freude genießen,
da sie bald wieder sprießen?

Doch zu oft hört man in diesen Tagen
von Trieben, die nie rasten und ruhn
Frauen und Kindern Schlimmes antun.

OSTERN 2024

Ein Aufschrei geht durch die Nation,
er sprach vom „Krieg einfrieren“,
der Chef der SPD-Fraktion
am Ort, wo sie regieren.

Fast einstimmig die Reaktion
von den Christdemokraten
Zurückweisung in rüdem Ton,
der Mann sei schlecht beraten.
Von Koalitionären war ähnliches zu hören.

So kurz vor Ostern das geschah,
sie haben es vergessen,
es hat, der das im Himmel sah,
mit andrem Maß gemessen.

Nicht nur die Freunde soll man lieben,
sondern auch seine Feinde,
steht in der Bergpredigt geschrieben
für die Christengemeinde.

Das wurde dem, der solches sprach,
sehr übel dann genommen,
denn bald, schon kurze Zeit danach
ist er ans Kreuz gekommen.

Es scheint, ein gleiches Schicksal droht
allen, die Frieden wollen
und nicht dem Mainstream ganz devot
den vollen Beifall zollen.

---

*s. Matthäus 5

KÖRNIGES

Kaum hundert Jahre ist es her,
dass man dem goldenen Ährenmeer
noch mit Sensen zu Felde rückte,
den Rücken oft krümmte und bückte.

Die Sensen sangen bei jedem Schnitt,
voran ging es langsam, Schritt um Schritt.
Man bündelte Garben, stellte Hocken
und wartete ab, bis die Körner trocken.

Die Körner konnten aus Spelzenspalten
Ausschau in die Umgebung halten.

Erst dann wurden sie vom Feld getragen
mit kunstvoll geschmückten Erntewagen
zu Dreschmaschinen, die gierig verschlangen,
was sie von den Wagen konnten erlangen,
wobei sie brummten und furchtbar staubten,
wenn sie den Ähren die Körner raubten.

Mit Pressen und Rütteln ganz vehement
wurde die Spreu von den Körnern getrennt,
die wiederum sich säckeweise
weiter begaben auf ihre Reise
in einen Speicher, um abzuwarten,
ihren letzten Weg in die Mühle zu starten.

Den gleichen Acker schaffen heute
schon eine kleine Hand voll Leute
und das meist noch, ganz ohne Frage,
wenn alles läuft an einem Tage,
den Körnern aber gefällt das nicht,
von der Mahd bis zum Speicher kein Sonnenlicht.

Seit Menschen voll mit der Technik durchstarten,
verschwinden und leiden sehr viele Arten.

Weltnaturkonferenz 2021: Alle 10 Minuten verschwindet eine Art

DANEBEN

Sie waren verschiedener Ansicht
und stritten mit Worten,
scharf wie ein Skalpell.

Sie merkten es nicht,
doch sie schnitten
sich Wunden ins seelische Fell.

Sie wollten dabei nur Gutes
für ein gemeinsames Leben,
doch wegen des seelischen Blutes
lief es gemeinsam daneben.

TRAUMSCHLOSS

Für ein glückliches Leben
braucht es bloß
einen passenden Schlüssel
und ein passendes Schloss,
das sich öffnet,
um fröhlich einzuladen
alles was gut ist
und bringt keinen Schaden
das sich verschließt,
um dicht zu machen
für alle üblen und bösen Sachen.

PATIENTENFEELING

Ein stationärer Augencheck
verursachte zunächst doch einen Schreck,
obwohl den Zeitraum von zwei Tagen
man mannhaft stark schon würde ertragen.

Zwei Tage und Nächte Krankenhaus
reichen dann aber aus,
um deutlich zu machen
wie sehr man vermisst,
was alltäglich um einen herum sonst ist.

Man kann es innerlich erst nicht fassen
und fühlt sich völlig allein gelassen.
Dieses emotionale Defizit
begleitet dich hier auf Schritt und Tritt,
es gibt kaum eine Resonanz
jeder bleibt auf Distanz.

Nur kurze sachliche Konversation,
wenn überhaupt, auf der ganzen Station.

Man gleitet geräuschlos von Hand zu Hand
wie ein Werkstück auf dem fließenden Band
von einem hin zu dem andren Gerät
bis endlich die Diagnose steht,
die reimt sich zusammen dann der Patient
aus Gesprächen Oberarzt-Assistent.

Alles läuft reibungslos, flüssig und schnell,
so etwas nennt man professionell!
Zurück im Bett greift die Hand ins Leere,
wohl hoffend, dass da vielleicht etwas wäre,
ein wärmender menschlicher Halt,
doch alles bleibt kalt.

Die Sache an sich, zwar gesundheitsbewusst,
ist emotional ein herber Verlust,
wenn der Mensch nur als Roboter existiert
an dem ein defektes Teil repariert.

So ende ich grummelnd und ziemlich spleenig,
es lebe die Fernseh-Sachsenklinik.

FROHE BOTSCHAFT

An jedem Baum ist jedes Blatt
im Großen und Ganzen ziemlich platt,
oben und unten nur eine Fläche,
es merkt überhaupt nichts von dieser Schwäche.

Sein ganzes Leben ist zweidimensional.
Den Raum kann es schon etwas fühlen,
wenn leise Winde mit ihm spielen.

Erst wenn es stirbt im Fall,
kann es ihn ganz real begrüßen
und wie es scheint, dann auch genießen,
nur selten sieht man es zu Boden eilen,
meist fröhlich tanzend im Raum noch verweilen.

Die Botschaft sollte Hoffnung geben
dem ganzen dreidimensionalen Leben.

FREI UND GLÜCKLICH

Die meisten Menschen müssen um zu existieren,
ihr einzig Gut, die Arbeitskraft voll investieren
und meist für irgendwelche Sachen,
die sie aus freiem Willen sonst nicht würden machen.
Nur um in dieser Welt mit dem verdienten Geld
„die Sau mal rauszulassen."
Das ist dann Freiheit, es ist nicht zu fassen.

Die Freiheit ist somit nur Ware,
man kauft sie sich für Geld,
das ist das Wunderbare
in unsrer freien Welt.
Frei sein, um alles sich zu kaufen
was schön ist und gefällt,
auch, wenn es sein muss, einen Haufen
Gefühle für viel Geld.

Geld soll nicht glücklich machen
hört man so nebenbei,
für die, die nur darüber lachen,
ist Geld das Glück und macht sie frei.
Geld befreit auch Millionäre
sogar von der Erdenschwere.
Geld hat diese Superkraft,
schützt im Notfall auch vor Haft.

WIRKUNGEN

Die ganze Welt,
sie lechzt nach Geld.
Geld ist wie Blut,
es muss stets zirkulieren.

Geld wirkt wie Blut
bei räuberischen Tieren.
Für Banken, Wirtschaft
und bei allerlei Geschäften,
ist es das einzig Leben spendende
von allen Säften
und letzten Endes auch für Jung und Alt.
Doch Geld ist KALT!

Es wirkt sich so auf Menschen aus,
hat man zu viel davon im Haus.
Wie ungesund das schließlich wäre,
erkannten ein paar Millionäre,
sie sind jetzt für Vermögenssteuer
ihr Kapital wuchs ungeheuer.

Würde dies Beispiel Schule machen,
sind Lebensmittel und warme Sachen
für weltweit darbende Millionen
bezahlbar dann von den Billionen.

---

102 Millionäre bildeten das int. Bündnis Patriotic Millionaires BZ 20.01.2022

MONDLICHT

Tausend einsame Gefühle
schweben durch des Mondes Glanz,
in der abendlichen Kühle
suchen sie nach Resonanz,
nach dem gleichgestimmten Schweben,
dass die Seele ganz erfüllt
und im Nehmen und im Geben
über alle Ufer quillt
hin, dem fahlen Mondlicht zu,
mit dem All sich zu vereinen.

Kummer, Gram und alles Weinen
suchen in dem Nichts nach Ruh.

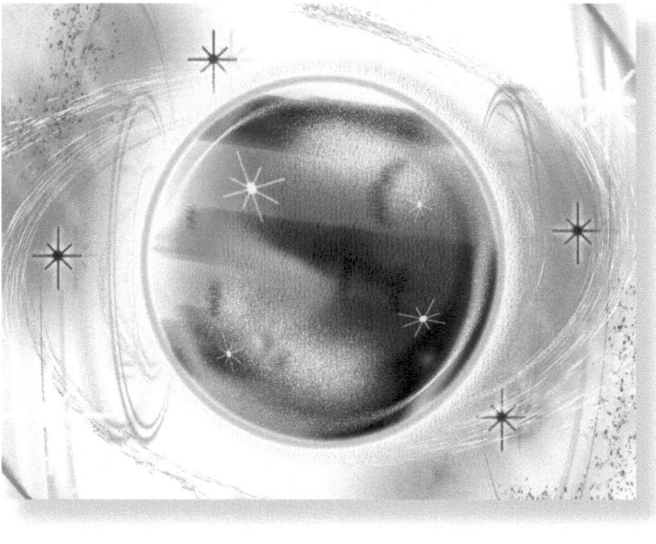

IRRTUM UND WAHRHEIT

Die Wahrheit, so erzählten die Alten,
war ein Spiegel, den nur Gott durfte halten,
denn, es war gefährlich und oft nicht schön,
der Wahrheit direkt ins Auge zu sehn.

Was er sah musste selbst den Alten erschüttern,
seine Hand begann so heftig zu zittern,
dass ihm der Spiegel entfiel
mit der Erde als Ziel,
um dort zu zersplittern.

Manchmal findet man Splitter, winzig klein
und bildet sich ein,
im Besitz der Wahrheit zu sein.

HORST
UTKE
DURCHDACHTES

SOZIALE SCHERUNG

Wie immer schlägt die Wiederkehr
von dieser ominösen Scher
in unsren Medien mir dann sehr
auf den sensiblen Magen
und ist schwer zu ertragen.

Die Schere, ich sag es sogleich,
sie schneidet zwischen Arm und Reich,
macht immer mehr betroffen
und steht stets weiter offen.

Zwar ist sie ein sehr schönes Bild,
dass seinen Zweck auch gut erfüllt,
doch bleibt sie eine Schere
nennt nicht die Aktionäre,
die nur von Dividenden leben,
die Kapitalanlagen geben.

Würden in Listen sie geführt,
wüsste man, wer so abkassiert.
Doch immerhin die Schere nennt
jedes Mal Zahlen in Prozent,
wie das Gesellschaftskapital
verteilt so ist prozentual,
die zeigten nun beim letzten Mal:
Nur zehn Prozent der Superreichen
würden schon allen Armen gleichen!

Dieses Verhältnis liegt sehr schief
und wirkt sozial nur negativ.
Denkt man die Scher als Kosinus
mit Ankathet-Hypothenus
kommt man sehr schnell zu diesem Schluss:
Weil negativ, ist ihr Spagat
schon weit über die neunzig Grad
und droht bei hundertachtzig Graden
mit Scherenbruch und Totalschaden.

SEELENWANDLUNG

Eine menschliche Seele, - Domizil
für Kampf und Spiel jeder Art von Gefühl,
hatte sich einmal entschieden
mit allen Menschen in Frieden
zu leben, nicht streiten, zanken und kämpfen.
Einen inneren Schalter sich zuzulegen,
wenn Zorn, Wut und Hass sie erregen
mit Knopfdruck alles zu dämpfen.
Nur der Liebe gewährte sie freien Lauf,
doch rieb sie sich schon daran auf,
bis hin zu seelischen Krämpfen.

Was sie unter echter Liebe verstand,
war so nicht mehr vorhanden im Land
Sie suchte nach innerer Harmonie,
Gefühlsresonanzen, Empathie
und litt jedes Mal wieder Seelenpein,
eine übliche Krämerseele zu sein,
die, was sie geben und kriegen
Milligramm genau wiegen.

Bei Geschäften ist das so Sitte,
natürlich mit Danke und Bitte
und innerlichem Frohlocken,
dabei auch noch abzuzocken.
So musste die Seele erst lernen,
den Schalter doch zu entfernen
und sich auch mit Streiten
etwas wie Liebe erbeuten.

OLYMPISCHES NACHSPIEL

Kaum ist die olympische Flamme erloschen,
verbal die letzten Phrasen gedroschen,
sie klingen so edel und wirken doch hohl,
Olympia als weltweit starkes Symbol
für friedlichen Wettstreit aller Nationen,
schon dröhnen im Donezk Becken Kanonen.

Trotz angedrohter scharfer Sanktionen
holt Russland sich mit kühlem Streich
ukrainische Landschaften „heim ins Reich."
Das ließe sich doch einfach erklären,
sie würden schon immer zu Russland gehören.

Persönlich sah Russlands Präsident
ukrainische Sportler in Peking präsent,
im friedlichen Wettstreit mit allen Athleten,
jetzt fliegen nach Kiew seine Raketen,
Xi hatte ihn wohl um Aufschub gebeten.

Es ist nicht mehr das sportliche Spiel,
nicht Scheiben, Menschen sind jetzt das Ziel.
Gerade noch wurde der ganzen Welt
olympisch von Frieden und Freundschaft gesungen,
schon ist dieses Trugbild wieder zerschellt
und in hunderttausend Scherben zersprungen.

Peking 2022

TRUGSCHLUSS?

Als roh das Fleisch man noch verzehrte
sich sein Verbrauch nicht sehr vermehrte.
Nachdem die Menschheit dann entdeckte,
dass Fleisch gebraten besser schmeckte,
aß man davon bedeutend mehr,
der Fleischkonsum wuchs dadurch sehr.

Sonst mundet Fleisch nur räuberischen Tieren,
die hungrig davon sehr viel konsumieren,
gesättigt ganz manierlich sich betragen,
bis sie ein neues Opfer dann erschlagen.

Solch Raubtier ähnliches Gebaren
prägt auch die Menschheit tausende von Jahren,
nach relativen Friedensphasen
wird wieder neu zum Krieg geblasen.
Somit liegt nahe doch der Schluß:
Das kommt von zu viel Fleischgenuß!

Geklärt hat Wissenschaft dies nicht,
nur Fleisch bringt Rheuma und auch Gicht.

So orientiert man Menschen exemplarisch
seit ein paar Jahren mehr auf vegetarisch
und trotz des Rufes vieler Unken,
ist der pro Kopf Verbrauch gesunken,
im letzten Jahr auch ziemlich stramm
von Vierundfünfzig auf nur fünfzig Kilogramm.

In dreizehn Jahren dann schon wär
ganz Deutschland ohne Fleischverzehr,
dem Wunsch nach Sicherheit und Frieden
wäre Erfüllung dann beschieden
und, wenn auch andere bereit,
die Welt sehr bald vom Krieg befreit.

HITZEFANTASIEEN

Es ist bedrohlich heiß geworden,
der Wald im Brandenburger Land
hat dieses Jahr des Öfteren gebrannt,
darum geht der Gedankenflug nach Norden,
verlässt die Havel und die Spree
für Sand und Strand an der Ostsee.

Dort lässt er seine Kleider fallen,
Hemd, Hose, Socken jedes Band
fällt nacheinander in den Sand
und hüllt sich ein in Sonnenstrahlen,
lässt Wind nach seinem Körper greifen
und über Haut und Glieder streifen.

Taucht ab dann in die kühlen Wellen,
die weich und eng sich um ihn schmiegen,
ihn langsam auf und nieder wiegen
und Gleiches tun an gleichen Stellen
und endet plötzlich mit Verdruß,
in Donnerschlag, Gewitterguß.

LÜGENVIREN

Auch Russland setzt nun auf die Lüge
als Vorbote zum heißen Kriege.
Nur ein Manöver hat man es genannt,
es wurde zum Krieg im Nachbarland.

Öffentlich wurde gelogen,
die Welt, das eigne Volk betrogen.
Die Art ist lange schon bekannt,
historisch oftmals angewandt.

Es wird zu viel gelogen und betrogen.
Wie wäre es, wenn Virologen
spezielle Viren züchten,
um dieses Übel zu vernichten
und die, die es trotzdem probieren
mit hohem Fieber infizieren
und schnell ins Koma überführen.

Man einigt sich dann nur noch gütlich
lebt endlich sicher, froh und friedlich.
Nur um die Hospitäler wär mir bange
wegen der superlangen Komaschlange.

LOGELEI

Liebe ist immer mit
GEBEN vermählt,
Freiheit ist
NEHMEN, was immer gefällt.

Daraus ergibt sich,
simpel und trist,
wenn ein Liberalist
jemanden küsst,
es so manches,
nur keine Liebe ist.

ALTGRIECHISCH

Was Liebe ist, ist sehr umstritten,
man unterscheidet Arten, Form und Sitten.

Schon im antiken Griechenland
war über Liebe viel bekannt.
Griechische Liebe war per se
das Duo Eros-Agape.

Sucht er nun unter dem Aspekt
nach dem was davon in ihm steckt,
mag er es, neben ihr zu liegen.

Wenn sie sich aneinander schmiegen,
so nah, dass sich die Poren küssen,
zählt das für ihn zu den Genüssen,
die immer wieder sprießen,
denn Eros lässt stets grüßen.

Agapisch ist zu jeder Zeit
für sie er immer startbereit.

Wenn laut der Ruf nach ihm erschallt,
tönt es zurück, ich komme bald,
um das Gemüse klein zu schneiden
damit sie Mittag macht den Beiden.

Auch konnten sie sich immer einigen,
gemeinsam stets ihr Haus zu reinigen,
das kam auch bei der Wäsche nie ins Stocken,
sie aufzuhängen, bis sie trocken
und sie gemeinsam abzunehmen.

Sind unvollständig auch die Themen,
ist immerhin ein Fazit schon geblieben,
auf jeden Fall altgriechisch sie zu lieben!

BEGRENZT UND EINGEZWÄNGT

Diese graue Substanz, gleich hinter der Stirn,
in knöcherne Mauern gezwängt,
nennt man im allgemeinen Gehirn,
womit der Mensch manchmal denkt.

Zunächst und man kann das durchaus verstehen,
wird das Denken nur um Selbsterhalt gehen,
für sich, für die Sippe und wer gut bekannt,
doch dann endet sehr oft schon der Verstand.

Denn jeder möchte für sich alles haben,
was die Erde so bietet an schönen Gaben,
die eigentlich für alle gedacht,
doch genommen hat immer, wer dazu die Macht.

Historisch sind oft nur jene bekannt,
die Kriege und Raubzüge machten im Land.
Das hat sich bis heute so hingezogen,
es wird weiter getötet, gekämpft und gelogen.

Das Gehirn erkennt vielleicht erst zu spät,
dass es global und gemeinsam nur geht.
Man findet kaum ein Gehirn das so denkt,
es ist zu begrenzt und eingezwängt.

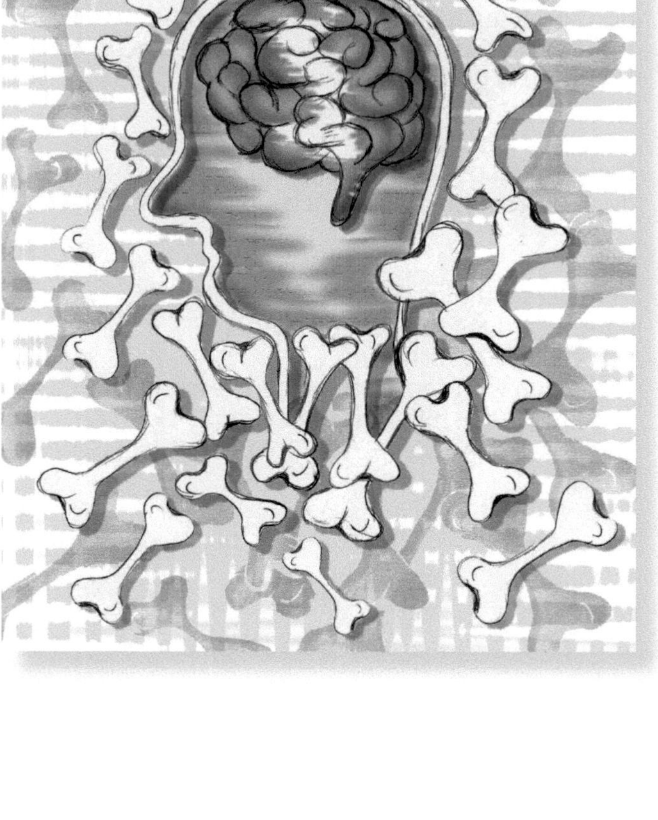

RESÜMEE

Vor fünfzig Jahren wurde der Menschheit verkündet,*
dass sie sich auf einem Irrweg befindet.
Der westliche Standard, so schrill er mag glänzen,
stößt lange schon an natürliche Grenzen.

Die Ressourcen sind endlich, wie unser Planet
und somit auch das, was jedem zusteht.
Trotzdem wird bis Juli schon durchgebracht,
was für das ganze Jahr ist gedacht.

Das geht nicht gut, ist fast allen klar,
doch es geht bestimmt noch ein paar Jahr.

Man verschmutzt die Luft und die Meere,
man vergiftet Insekten, das Land,
als ob dies gar nichts wäre,
als hätten wir Menschen keinen Verstand,
zumindest die, mit dem spleenigen Tick,
zu diesem Schlamassel gehöre noch Krieg.

Der Globus hat viel zu viel Kapitäne,
die denken an Macht und Geld,
jeder hat seine eigenen Pläne,
das scheint das Problem dieser Welt.

Man hat, was zu tun ist, schon erkannt,
doch es wurde kein Admiral ernannt,
der dem Leben auf dem Raumschiff Erde
eine Chance gibt, dass es erhalten werde.

Die Saurier haben sich nicht ausgerottet,
das war eine fremde Macht.
Der Mensch hat bisher jede Warnung verspottet,
bis er es selbst vollbracht.

---

*50 Jahre CLUB of ROME, Grenzen des Wachstums, Stockholm +50

AUSWEGLOS

Freiheit schafft viele Möglichkeiten
überall sich auszubreiten,
kriminell oder despotisch
tendenziell somit chaotisch.

Gleichheit war das Ideal
für Entwicklung nach sozial,
man ebnete jedes Gefälle
und kam so schlechter von der Stelle.

Brüderlichkeit scheint von den beiden
irgendetwas zu besitzen,
manchmal kann man sich nicht leiden,
doch, wenn nötig, sich auch stützen.

WER stellt endlich mal die Weichen
Brüderlichkeit zu erreichen?
Schon seit Jahren klingen Lieder:
„Alle Menschen werden Brüder.“

Auch wenn leise im Geheimen
doch so manche Zweifel keimen,
ist dies wohl das rechte Lot?
Kain schlug einst Abel tot!

Heute klingt, fast wie zum Hohne,
in Europa die Kanone.
Für den Krieg macht man mobil,
sonnenklar ein falsches Ziel!

PRÜGELEIEN

Früher gab es Prügelstrafen
wenn der Lehrer dich gefasst,
weil du nicht bei den ganz Braven
und was ausgefressen hast.

Bald hat man jedoch erkannt,
solch Erziehung ist nicht richtig
und die Prügel schnell verbannt,
Reden, Reden sei sehr wichtig.

Nicht gewaltsam Willen beugen,
überzeugen, überzeugen!

In der Welt der Nationen
heißen Prügel heut Sanktionen.
Man hat hier noch nicht erkannt,
Prügel beugen auch kein Land
und dazu setzt man sich schnell
eine Laus ins eigne Fell.

FALSCHE HOFFNUNG

DIMORPHUS* wurde voll getroffen
und lässt die Menschheit wieder hoffen.

Nach einem klug durchdachten Plan
will man verändern seine Bahn
und sie gerade so verbiegen,
dass er an uns vorbei muss fliegen,
denn sein Einschlag brächte Not,
Angst, Zerstörung und den Tod.

Das machen Menschen gern alleine,
so momentan in der Ukraine.

Schon droht es von dem Kreml-Dom,
es ist kein Bluff mit dem Atom.
Die Bomben sind zu jeder Zeit,
bei Angriff sofort startbereit
und programmiert ist Ziel um Ziel,
DIMORPHUS wär ein Kinderspiel.

Wer denkt noch an Asteroiden,
wütet Atomkrieg erst hienieden.

---

*Dimorphus-170m grosser Asteroid

TEUFLISCH

So a priori könnte man schon meinen,
dass schöne Seelen
sich mit schönen Körpern nur vereinen.

Doch schöne Seelen
werden oft vom Teufel eingefangen
und gern zur Tarnung umgehangen.

Wer es nicht glaubt,
dass Teufel sich verkleiden,
muss eben leiden.

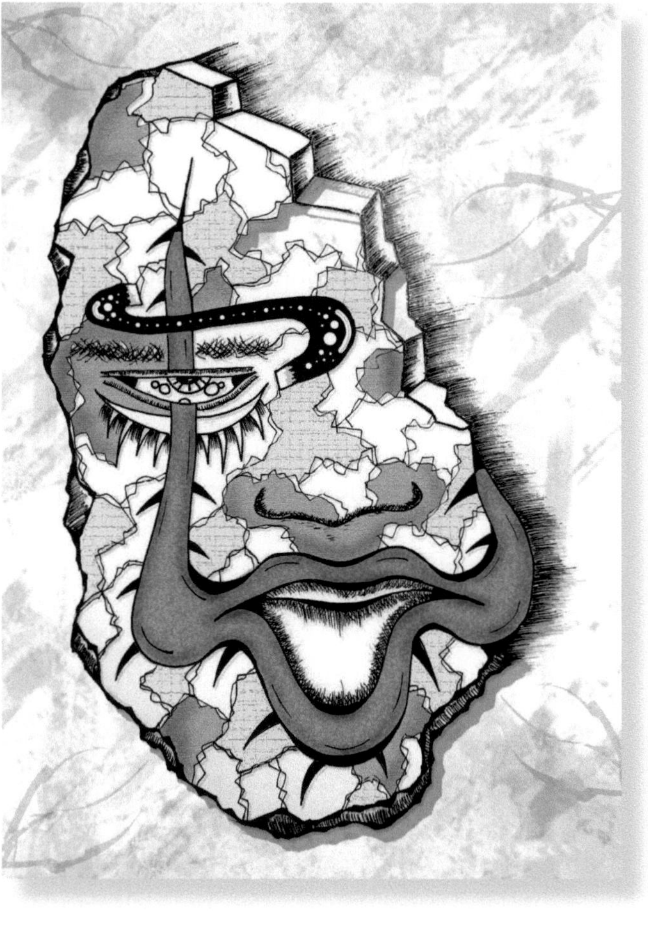

DIE WOHLTÄTER

Er lebte ruhig und zufrieden
am Waldesrand, ganz abgeschieden
und war den Menschen hier im Land
zum größten Teile unbekannt.

Er wunderte sich jedes Mal
über die manchmal große Zahl
von Menschen, die ihm wohlgesonnen
und schrieben, dass er hat gewonnen.

Zumindest sei er auserwählt,
was auch zu den Gewinnern zählt
und würde jedenfalls sehr reich,
wenn er nur anriefe sogleich.

Die Frauenstimme war samtweich,
dass richtig ihm das Herz aufging,
er auf der Stelle Feuer fing
bis sie sein Konto wissen wollte.

Da stutzte er jedoch und schmollte:
Vielleicht Gewinne dorthin senden,
wo man verzweifelt ruft nach Spenden?
Bei ihm lief es nur über Scheck!
Schwupps, war die Frauenstimme weg.

So, not amused, ließ er die andern
Briefe gleich zum Recycling wandern,
nur fragte er sich, wie zum Namen
und seiner Anschrift die wohl kamen.

NACHRUF

Von einem lang verschwundenen Land,
heute oft „Unrechtsstaat“ genannt,
sind zahlreiche Menschen davon betroffen,
dass eine Rechnung immer noch offen.

Von diesem Land wurde gerne genommen,
was quasi umsonst war zu bekommen,
um das zu werden, was man heute ist.
Darüber verging manche Jahresfrist.

Ehe man alles zurück konnte geben,
war das Land aber nicht mehr am Leben!
Hart, doch unblutig war dieser Schnitt
und sehr viele mit dem Land noch nicht quitt.

Des Volkes reicher Wissensschatz
wechselte kostenfrei den Platz
in das private Eigentum.
Kein Wort, kein Dank dem Land postum.

Die Wissenschaft im Osten spürte,
vieles lief unter aller Würde,
blieb wie gelähmt und stumm dabei,
nach drei Jahrzehnten erst ein Schrei!

Dirk Oschmann: „Der Osten eine Erfindung des Westens“

FALSCHE FAKULTÄT

Nach ein paar Jahren endlich hat
er seinen Doktor rerum nat
und läuft sogleich mit frohem Sinn
zu seinem Wohnungsamte hin,
weil er bisher doch nur campierte
unter dem Angebot „Möblierte“.

Im Amt, die Dame, war ganz Ohr
als er mit Titel stellt sich vor
und fragt ihn gleich sehr interessiert,
ob er auf Lunge praktiziert,
da sie sehr oft nicht weiter wusste,
weil doch ihr Mann so schrecklich huste.

Als er erzählt was von Physik,
da macht es bei ihr deutlich klick
und die Beamtenstimme spricht:
„Ach, richtger Doktor sind sie nicht!?“
Und weiter, für ihn folgenschwer,
ne Wohnung hätt sie auch nicht mehr.

BILANZ

Rational passabel, gefühlt nicht so ganz,
so sieht sie aus seine Lebensbilanz,
denn immer suchte er Resonanz,
den harmonischen Gleichklang
von Gefühl und Verstand
zwischen sich und den anderen,
den er selten nur fand
und so ist bis heute die Frage geblieben:

„Warum ist es schwierig, einfach zu lieben?“

Denn irgendwie schon in der Bibel steht,
Liebe auf Erden sei Ubiquität.
Zu Anfang lief es doch einigermaßen
als jagend und teilend am Feuer sie saßen.
Doch als das Eigentum wurde erfunden,
war diese Gemeinsamkeit bald verschwunden.
Man grenzte sich ab, stellte Schilder:

PRIVAT
„BETRETEN VERBOTEN“

Erfand den Staat, der Gesetze erließ und Paragraphen,
um Zuwiderhandlungen streng zu bestrafen.
An Stelle Gemeinschaft und Empathie
etablierten sich Egos und Hierarchie.

Alles sich noch bedeutend verstärkte
durch die Finanzwelt und ihre Märkte.
Hier wirken oft schädliche Resonanzen,
wenn Banken mit CUM EX sich Gelder zu schanzen.
Bis heute ist man davon nicht frei
und bemäntelt alles mit Freiheitsgeschrei.

Man predigt Moral als wunderbare
heilige Kuh und macht sie zur Ware,
im Wettstreit mit Geld, egal wo und wie
ging sie noch immer in die Knie.
Alles ist käuflich, hat man nur Geld.
La dolce vita, so frei ist die Welt!

Die CUM EX-Chefermittlerin Anne Brorhilker wirft April 2024 Amt und Beamtenstatus hin, wegen mafiöser Strukturen zwischen Banken und Politik

FLUCHT (Februar 1945)

Allein auf der Straße, gegen den Wind,
trägt eine Mutter ihr verwundetes Kind.
Sie hat es geschultert, hält fest seinen Arm,
der Wind bläst kalt, doch ihr ist warm.

Sie mussten der nahenden Kriegsfront entfliehen
und weiter in Richtung Westen ziehen.
Am Waldesrand war die Mine versteckt,
die ihren Sohn dann niedergestreckt.

Er wurde auf einen Wagen geladen,
doch der blieb stecken und hatte Schaden.
Der Kutscher spannte die Pferde aus
und ist mit den Anderen weit voraus.

Sie schreitet allein, noch fest ist ihr Schritt.
Wird sie es schaffen? Die Angst schreitet mit.
Es wird immer dunkler, sie macht keine Rast
und schwerer und schwerer wird ihre Last.

Mutter, ach Mutter, hört sie ihn flehen,
Ich will es versuchen, vielleicht kann ich gehen.
Sie stellt ihn auf das gesunde Bein,
er macht einen Schritt und knickt sofort ein.

Sie muss fast zur Erde niederknien,
um den Sohn auf ihre Schultern zu ziehen,
zum Aufrichten reicht dann kaum ihre Kraft,
die Mutter hat es trotzdem geschafft.

Doch langsam die Kräfte zu schwinden scheinen,
der Knabe merkt es, beginnt zu weinen,
seine Tränen laufen ihr über die Wange
und im Herzen wird ihr auf einmal sehr bange.

In den Baumwipfeln klagend ein Käuzchen schreit,
sie blickt empor, es ist nicht mehr weit.
Woher nur nimmt sie noch diese Kraft,
mit der sie es bis in die Ortschaft schafft?

Im Gemeinschaftsraum gibt es Schütten aus Stroh,
dort lagern sie sich, ermüdet doch froh,
in ihrem Kopf aber kreisen Sorgen,
wie geht es weiter, wie wird es morgen?

~ Für meine Mutter ~

OST UND WEST

Sie hatten Nichts und das auch noch verloren
Deutsche, die östlich der Oder geboren,
Flüchtlinge, die gleich im Osten blieben,
kein Kapital zog sie nach „Drüben“,
nur die, die Schätze hatten noch in ihren Kästen,
zog es dann weiter in den Westen.

Bodenreform, nur im Osten bekannt,
gab Flüchtlingen dann Gutsbesitzerland,
von denen, die aus Gütern und Palästen
geflohen vor den Russen Richtung Westen.
Das gab Vertrauen und regenerierte
verlorene Gefühle, Stolz und Würde.

In Großbetrieben ringsherum
hieß es jetzt immer Volkes Eigentum,
was einige zu wörtlich nahmen
sodass, was in historisch großem Rahmen
schon immer in der Welt passierte
auch hier im Kleinen reüssierte:
Was auf und in der Erde allen zugedacht,
wurde privat ins eigne Haus gebracht.

Dies menschlich tief verwurzelte Verhalten
wollte im Osten man aufspalten.
Vom ICH zum WIR
stand nun fortan auf dem Panier.
Diese Parole ist nicht schlecht
und im Prinzip auch sehr gerecht,
ein jeder Christ sie lange kennt,
sie steht im Neuen Testament.

Doch vielen geht es gegen jeden Strich
hinter das WIR zu stellen dann sein ICH,
solch ein Prozess kaum funktioniert,
wird noch vom Westen anderes souffliert.

Versucht man es dann noch mit Zwang,
wird der Prozess bald sterbenskrank.

Nach Jahren Arbeit für das Kollektiv
ging der Versuch dann deutlich schief.
Der Umschwung viele auch frustrierte
erneut Verlust von Stolz und Würde.

Doch etwas blieb wohl schon erhalten,
in aktuellen Zeitungsspalten
schrieb jetzt ein Wessi-Journalist:

„Ein Ossi ist entweder Nazi oder Kommunist.“

Das klingt sehr simpel und ist auch naiv,
vielleicht sind es Gefühle, die alternativ?

Das unbeschreiblich Wunderbare,
dass viele Menschen eng verbindet,
wird mehr und mehr zu einer Ware,
blüht noch vereinzelt, ehe es verschwindet,
in Partys, Dates, im Rausch von Drogen,
egal wohin, man wird betrogen!

RAT SCHLAG

Man hört oft sorgenvolle Töne,
dass das, was Liebende erfasst,
dieses so unaussprechlich Schöne,
im grauen Alltag schnell verblasst.

Dabei ist es wie Damaszener Stahl,
der festigt sich, geschmiedet, jedes Mal
und zaubert neue Muster an den Tag,
die schöner werden Schlag um Schlag
sind Herzenswärme und Gefühl
beim Schmieden immer mit im Spiel.

HORST
UTKE
ZUGEDACHTES

GESELLSCHAFTSTANZ

Zu Anfang lief es ganz sozial
im Großen und im Ganzen
für alles was auf Erden lebt,
für Menschen, Tiere, Pflanzen,
bis einer einst erfunden hat
dann den Gesellschaftstanz:

~ Privat ~

Privat, das ist der kleine Teil
von diesem großen Ganzen
in dem will jeder gerne nur
nach eigner Pfeife tanzen.

Dazu treibt innerlicher Schwung,
man tanzt mit viel Begeisterung
auf allen Märkten rundherum.
Bei gut zahlendem Publikum
kommt man so schnell zu Eigentum.

Der muss sich nun vermehren,
dabei darf niemand stören,
was Dirigenten intonieren
gilt es deshalb zu ignorieren,
streng nach Profitkurs segeln,
der Markt wird es schon regeln.

Das lief bis jetzt ganz optimal,
doch nun wird stickig es im Saal,
langsam, ganz langsam wird bewusst,
die Luft, sie ist sehr stark verrußt,
das Atmen fällt schon ziemlich schwer
und frische Luft gibt es kaum mehr.

Es zeigt sich, etwas stimmt nicht ganz
bei dem gesellschaftlichen Tanz,
das nach der eignen Pfeife Tanzen
bekommt nicht mehr dem großen Ganzen.

EIGENARTIG

Glück ist ein sehr quirliger Gast,
bleibt nie eine längere Weile,
ist stets unterwegs, macht selten Rast,
es scheint, es ist immer in Eile.

Glück ist ein eigenartiges Ding,
ein taumelnd flatternder Schmetterling.
Doch möchte ihn einer für sich allein,
verliert er die Flügel, geht traurig ein.

WALDSYMPHONIE

Verweile still, nur um zu lauschen,
die Vögel singen in den Zweigen.
Unsichtbar, ohne sich zu zeigen
begleiten sie das Waldesrauschen
von ungezählten Kontrabässen.

Denen der Wind als Bogen
durch Laub Saiten gezogen,
um sich mit dem zu messen,
was hell in Dur die Vogelwelt
dem dunklen Moll entgegenstellt.

Wie ein symphonisches Konzert
nach einer Partitur
in der die Sonnenstrahlen
Noten auf Blätter malen.

Es dirigiert allein Natur,
die unversehrt
im selbst errichteten Odeum
mit schlanken Buchensäulen
einlädt zum Lauschen und Verweilen.

Alles ringsum
ist niemals stumm.
Doch immer öfter machen Brände
diesem Konzert ein jähes Ende.

PROPHETISCH

Welche Gefühle kann man sich leisten
in einer Geld dominierten Welt,
es scheint fast so, als hätten die meisten
das Empathische weit nach hinten gestellt.

Das eigene Ego als Startup zu sehen,
im Internet ständig präsent zu sein,
um an der Follower-Schraube zu drehen,
fordert den völligen Einsatz ein.

So wirbt man Geld, man fühlt sich frei,
als Damoklesschwert aber bleibt der Zwang,
Profit zu erzielen ganz nebenbei,
sonst droht der Konkurs über kurz oder lang.

Werbung beginnt bereits am Morgen,
verfolgt schon immer das gleiche Ziel,
es geht nicht darum, sich um Menschen zu sorgen,
man möchte ihr Geld und davon sehr viel.

Für Empathie bleibt so keine Zeit,
als Ersatz dienen Partys bis zum Exzess
und immer öfter Stands for one night,
doch irgendwann kollabiert der Prozess.

Wenn Freiheit Moral ohne Scham ignoriert,
weiß man seit Jahren, was dann passiert.
Geschrieben steht, was damals geschah
mit Sodom und Gomorrha, Ha, Ha.

NÄHE

Es scheint von enormer Relevanz
das richtige Maß Nähe-Distanz,
es unbefugt zu überschreiten,
kann Ärger, Verdruss auch Schmerzen bereiten.

Schon bei der kleinsten Gemeinschaft von zwei
gibt es deswegen oft Streiterei.
Der eine sinkt abends müde ins Bett,
der andere gerne noch kuscheln tät.

Zudringliche Nähe am Arbeitsplatz
mit Berühren und Worten wie „gerne mein Schatz“,
auch wenn es diesem gar nicht gefällt
findet man überall auf der Welt.

Das Verlangen nach Nähe schlägt irgendwann zu,
immer was Neues kommt von Me too,
ein Präsident goss gerade Oel in das Feuer
bei der Frauenfußballweltmeisterfeier.

Ein Kuss auf den Mund einer Spielerin!
Was hatte dieser Mann nur im Sinn,
eine Eruption heißer Empathie,
oder kalte Berechnung - jetzt oder nie?

Erzwungene Nähe aus Machtposition
spricht nicht nur jeder Menschlichkeit Hohn
und ist genau wie Nähe für Geld
ein Trugbild das man für Nähe hält.

Wirkliche Nähe wärmt und verbindet,
doch es scheint, als ob sie ins All entschwindet,
das beherrschende Motto dieser Welt
heißt immer wieder „Zeit ist Geld“!

FREIHEIT?

Ist Freiheit wirklich Tun und Lassen
was hier und jetzt grad so gefällt?
Ist Freiheit, sich nicht anzupassen
an Normen, die einst aufgestellt?

Wer Freiheit so interpretiert,
egal, was um ihn her passiert
und meint, das wär Demokratie
sät Chaos nur und Anarchie.

Ist Freiheit das Gefühl zu schweben,
das raus drängt aus der engen Brust,
um sich dem Leben hinzugeben
voll Freude und mit Sinnenlust?

Die alles möchte infizieren
auch mitzusingen und zu jubilieren
in einem Chor rings um auf Erden,
so könnte Freiheit wirklich werden!

Freiheit - wie gern spricht man davon
und unterliegt der Illusion
man hätte Freiheit heute schon.

KI

Man hört viel von Künstlicher Intelligenz,
wird sie zur grauen Eminenz?

Noch spricht nur, schreibt und zeichnet sie
mit allem Wissen, ohne Empathie,
dass man in ihren Speicher gesteckt
und hat selbst ihre Väter erschreckt.

Welch Potential jedoch würde fließen,
versieht man sie auch mit Händen und Füssen.

Implantiert in kalter, lebloser, toter
Materie, geformt zu einem Roboter,
entsteht eine intelligente Kraft,
die Gutes will, vielleicht Böses schafft.

Was passiert, wenn diese Kraft bald erkennt,
es ist der Mensch, der die Erde verbrennt.

WEST - ÖSTLICHE DIVERGENZ

Eine Analyse geographisch geprägter Gefühle
zeigt divergierende Lebensstile.

In östlicher Richtung etwas chaotisch,
kaum zeit-gehetzt und ego-despotisch.
Das Ich wird oft zurückgestellt,
Gemeinschaftsdenken vorrangig zählt.

Es stellt sich schon dadurch ein Glücksgefühl ein,
für andere irgendwie nützlich zu sein,
bis hin, dass man sich willig beugt,
ist man von etwas überzeugt.
Naives Vertrauen und Empathie
düngt den Boden für Autokratie.

Ein Markenzeichen für westliches Leben,
rationalem Ego Vorrang zu geben.
Um gesellschaftlich den Schein zu wahren,
mit formalem, sittsamem Gebaren
und einer kleinen Prise Moral.

Gemeinschaft bringt tendenziell nur Qual
mit unangenehmen psychischen Leiden
und ist somit prinzipiell zu meiden.
Das Bild vom Westernheld immer noch gilt,
der schoss bekanntlich nicht nur Wild.

Das Leben ist dem Erfolg zu widmen
nach Wohlstand versprechenden Algorithmen.
Ist man dann sehr erfolgreich dabei,
kauft man sich ein, in eine Partei
und lässt sich zum Präsidenten wählen,
viel Geld suggeriert, auf den kann man zählen.
So läuft im Westen die Strategie
und nennt sich gewöhnlich Demokratie.

Lang lief es so, trotz Divergenz,
geographisch vollzog sich Konvergenz.
Dies wurde als Argument verwendet
und in Europa der Frieden beendet.
Nun zündelt man wieder sogar mit Krieg,
glaubt heute wirklich jemand an Sieg?

VORBILDLICH

Ob Trump, ob Biden, Netanjahu ob Scholz
und andere, die an der Spitze stehen,
sie scheinen alle aus gleichem Holz
mit Steuern sehr willkürlich umzugehen.

Der erste Bürger des Staates zu sein
fordert doch Vorbildwirkung ein,
die Botschaft, die hier dem Volke geschickt,
ist: Steuerbetrug nur Kavaliersdelikt.

Ein Vorbild sucht sich fast jedes Kind,
Gerichte somit überlastet sind
und bis jeder Fall endgültig geklärt,
ist die Straftat als solche dann schon verjährt.

So ist der Betrug nicht als Straftat zu zählen
und man lässt sich erneut ins Würdenamt wählen,
um das Parlament dann dafür zu nutzen,
die Gerichte für sich zurechtzustutzen.

Es sind immer Typen mit sehr viel Geld,
die wohl glauben, ihnen gehöre die Welt,
die Wahrheit selbst wird kräftig verbogen,
zur Erhaltung der Macht auch schamlos gelogen.

Als Folge mutieren dann Demokratien
irgendwann zu Autokratien,
denn Geld öffnet immer Wege zur Macht
selbst Fastkriminellen mit Tatverdacht.

HAMSTERRAD

Es muss beständig laufen.
Das, was früh bis abends spät
nie rastet, nie zur Ruhe geht
und selbst auch mitten in der Nacht
nicht einmal eine Pause macht,
ist Kaufen und Verkaufen!

Rund um die Uhr wälzen sich Massen
von Ver- und Käufern durch die Straßen,
durch Kaufhallen und wo auch immer,
auch in so manchem Rotlichtzimmer.
Tagtäglich wird es schlimmer
mit Kaufen und Verkaufen.

So wurde im Verlauf der Jahre
ALLES und auch der Mensch zur Ware.
Das läuft so, ringsherum auf Erden
und nirgendwo hört man Beschwerden
zum Kaufen und Verkaufen.

Jegliches Tun trägt diesen Stempel,
dabei gab es doch ein Exempel
schon vor zweitausend Jahren,
dort in Jerusalem im Tempel*,
die Menschen davor zu bewahren.

---

*Neues Testament: Matthäus 21,12 u.a.

3. ANLAUF

Es hat sich schon zu oft gezeigt,
dass auch Erfolg zu Kopfe steigt
und Menschen unsinnige Sachen
im Größenwahn dann trotzdem machen.

Vor langer Zeit gefiel sich ein Franzose
in dieser quasi heldenhaften Pose
und zog mit seinem Heer gen Osten,
um dies als Niederlage auszukosten.

So etwa hundert Jahre später
gab es den deutschen Osten-Feldzugs-Täter.
Sein Kriegsglück sich dort auch schnell wendete
und er viel schrecklicher noch endete.

Nachdem fast hundert Jahre wiederum verflossen
wird diese Osten-Feldzugs-Brühe nochmal aufgegossen.
Der Auslöser zum laufenden Konflikt
wurde diesmal vom Osten selbst gestrickt.

Jedoch der Westen nutzt ihn allzu gerne,
um mit zu stricken aus der Ferne,
doch Waffen, die auch Moskau anvisieren,
können die Ferne schnell in Nähe komprimieren
und was vergangen schien wird wieder neu,
denn aller guten Dinge das sind drei.

FÜHRUNGSLOS

Ein jedes Raumschiff, das bemannt,
befehligte ein Kommandant
mit Team, das ihm zur Seite stand
und immer alles kontrollierte,
damit der Raumflug funktionierte
und an Bord die Atmosphäre
optimal für alle wäre.
So lief es bisher reibungslos,
die Raumfahrt wuchs und wurde groß.

Ein Raumschiff doch fliegt führungslos.

Mit acht Milliarden ist's bemannt,
bis heute hat man nicht erkannt,
der Markt allein als Kommandant
fliegt bald das Raumschiff an die Wand.
Schaut man nach Westen oder Osten,
gibt es nur Streit um diesen Posten.

Man tagt und redet schon seit Jahren
über die kommenden Gefahren,
die Katastrophen hier auf Erden
und hofft, es wird so schlimm nicht werden.
Statt diesen Kurs sehr schnell zu ändern,
führt man noch Krieg in vielen Ländern
und streitet heftig um das Gendern.

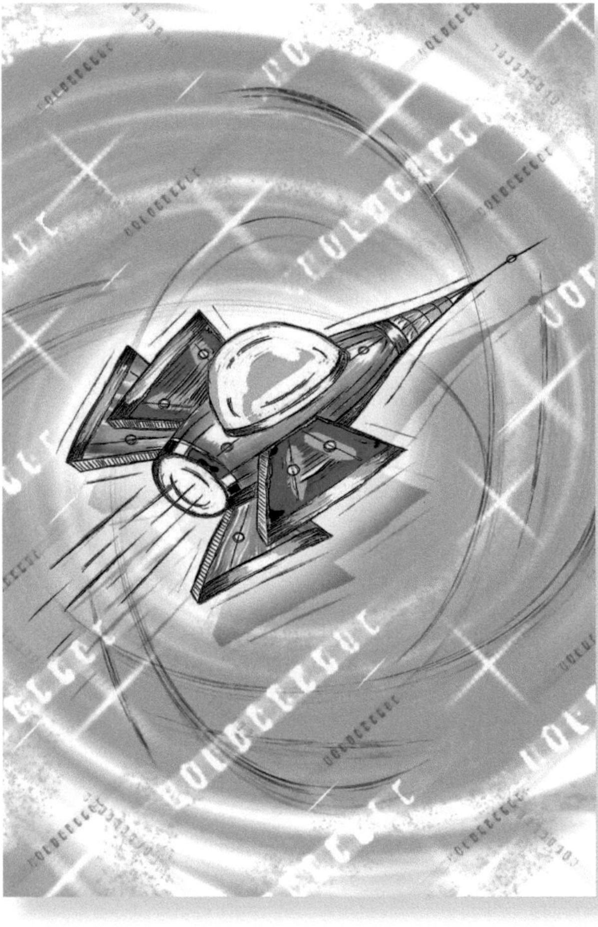

DER FREIE BÜRGER

Ein freier Bürger im freien Land
glaubt nur, was sein „gesunder" Verstand
ihm rät zu tun oder zu lassen,
zu lieben oder besser zu hassen.

Er allein entscheidet, was gut oder schlecht,
unterwirft sich nur ungern gesetzlichem Recht
oder dem, was verordnet von Vater Staat,
damit das Land etwas Ordnung hat.

Ist offen für manche absurde Idee
und für jeden Finanzen bringenden Dreh.
Baut Kraftwerke, die fast die Welt ersticken
und sucht in Gesetzbüchern straffreie Lücken.

Treibt Forschung und Wissenschaft voran
und auch so manch kriminellen Plan.
Er beschimpft und beleidigt die Opposition
und macht dann mit ihnen doch Koalition.

Die Wirtschaft hält er ständig in Trab,
mal geht es bergauf, dann wieder hinab.
Wo diese Lebensform länger besteht,
ist statistisch der Lebensstandard erhöht,
besonders bei jenen, die sehr weit oben
hat er sich exponentiell angehoben.

Es läuft im Prinzip immer darauf hinaus,
man nutzt die menschliche Arbeitskraft aus,
auch die von Kindern in ärmeren Ländern,
Europa wollte gesetzlich das ändern,
jedoch haben Freie Demokraten
davon ganz entschieden jetzt abgeraten.

So bleibt die Neu Kolonisierung erhalten,
man pflegt eben gern Traditionen der Alten.
Nun kommen die Kids, um zu partizipieren
und werden empfangen mit Remigrierten
und nazibelasteter Deportation.
Ein freier Bürger liebt Isolation!

Freiheit ist das Thema des Wissenschaftsjahres 2024:
Die Abstimmung über das Lieferkettengesetz im
Europaparlament wurde verschoben, da keine Mehrheit zu erwarten war.

AM ENDE

Nun ist er durch das Leben gewandelt
und hat erst am Ende festgestellt,
es wird mit allem und jedem gehandelt
weil handeln zum Kampf ums Dasein zählt.

Das hat bei ihm sehr lange gedauert,
es vergingen etliche Jahre,
irgendwie war ihm die Einsicht vermauert,
der Mensch zählt auch nur als Ware.

Sein Wert wird bestimmt durch das was er hat,
der Gebrauchswert von dem was er kann.
Ob groß oder klein, dick oder platt,
auch Verpackung hat Anteil daran.

Es sind zwar lange vorbei die Zeiten,
da Menschen als Sklaven gehandelt,
heute kauft man auf Zeit ihre Fähigkeiten,
vom Prinzip her hat sich nichts gewandelt.

Der Austausch erfolgt nach Handelsgesetzen
zu einem meist unfairen Preis,
Gefühle zerreißen dabei oft in Fetzen
Empathie flackert auf und wird Eis.

Wenn alle Gefühlsnebelschwaden abziehen,
dann erst wird offenbar,
was von dem ganzen Streben und Mühen
Gestaltung, was Ware und Werkerzeug war.

Am Ende steht immer der gleiche Reim,
wenn er es selbst nicht mehr schafft,
dann kommt man in ein Pflegeheim,
den Kindern fehlt Zeit und die Kraft.

ARTENSTERBEN

Das unsagbar Schöne,
dass zwei Menschen verbindet,
nur Hall ferner Töne
eh es entschwindet.

Es fehlt Zeit zu suchen,
wer allein sein nicht will,
kann schnell ein Date buchen,
Portale warten, sind still.

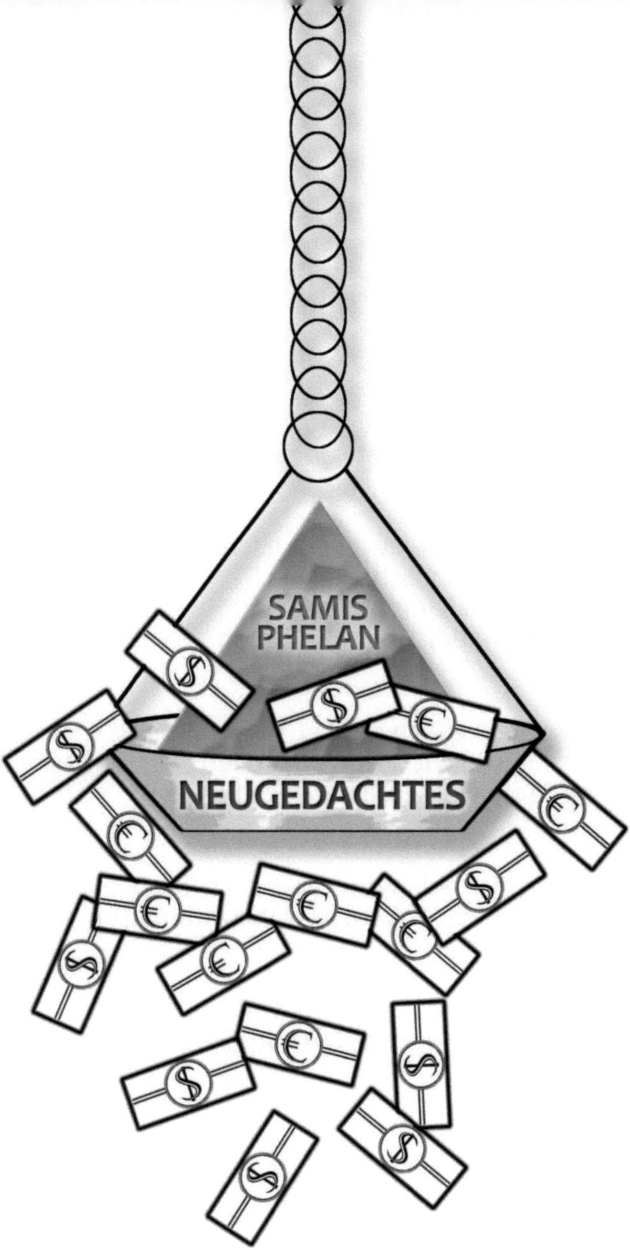
SAMIS
PHELAN
NEUGEDACHTES

ER

Er ist wie kalter Nord - Ostwind,
der Dich leise umgibt.
Wie ein Schatten der Dir folgt,
Schritt für Schritt.

Jeden Tag kommt Er näher - unaufhaltsam und schnell.
Ob bei Tag oder Nacht - ob dunkel, ob hell.

Wie ein wildes Tier lechzt Er nach Dir.
Er jagt Dich stündlich.
Immer einen kleinen Teil von Dir
holt Er sich gierig und saugt ihn in sich hinein.

Also verstecke Dich nicht.
Du brauchst nicht davon zu rennen.
Er wird sowieso all Deine Wege kennen.

Drum zerstöre nicht weiter all das Schöne, dass es gibt.
Respektiere das Leben, dass Dich ständig umgibt.

Genieße es - saug es in Dich hinein,
denn am Ende wird der Tod endgültiger Sieger sein.

LEBENSZWEIGE

Veränderung...

Zeit aufzubrechen...

Unbekannte Wege gehen...

Erfahrungen sammeln...

Dabei die alten Schätze bewahren,
während man neue Perlen entdeckt...

Das ist die Reise unseres Lebens...

SEHNSUCHT - TEIL EINS

Geschlossen sind meine Augen - Dunkelheit.
Umhüllt vom Mantel der Einsamkeit.

Umhüllt von Sehnsucht - Sehnsucht nach Dir.
Sehe ich nur ein Bild vor mir.

Blaue Augen, ein Lächeln und Zärtlichkeit.
Ein Mensch den ich liebe - in Ewigkeit.

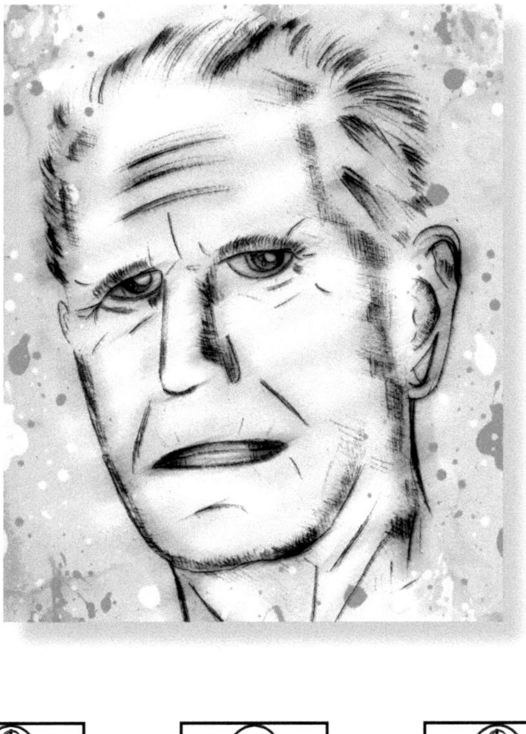

SEHNSUCHT - TEIL ZWEI

Das Rad der Zeit lässt sich nur vorwärts drehen.
Kein Weg führt zurück so sehr wir auch sehnen.

Doch haben wir eine Möglichkeit.
In Gedanken und Träumen sind wir wieder vereint.

Und so haben wir uns nicht für immer verloren.
In Phantasie geborgen können wir reisen und hoffen.

Hoffen und warten auf ein Wiedersehen.
Am Tag meines Gehens wirst Du an der großen Pforte stehen.

Dann nimmst Du mich wie in Kinderzeiten an die Hand.
Zusammen schreiten wir voran in ein neues Land.

~ In liebevoller Erinnerung ♥ Deine Enkelin ~

STILL...

Sag…

Hörst du es - das pochende Herz?

Spürst du ihn - den rasenden Atem?

Fühlst du ihn - den lodernden Puls?

Siehst du ihn - den bebenden Körper?

Still...

Meine Gedanken kreisen wie ein wild tosender Strudel und die Welt um mich herum scheint sich endlos zu drehen.

Vorsichtig öffne ich meine Augen und alles steht still…

SICHTWEISEN

Mein Spiegel - Was siehst Du?

Ich sehe müde und schwere Augen…

Ich sehe einen traurigen und leeren Blick…

Ich sehe Tränen,
die endlos über eingefallene Wangen rollen…

Ich sehe wirres und zerzaustes Haar…

Ich sehe ein kraftloses Lächeln,
das doch keines ist…

Ich sehe ein schmerzverzerrtes
und angstvolles Gesicht…

Meine Hand berührt vorsichtig das kalte Glas
und lässt meine Seele gefrieren.

Wer bist Du?

Was ist mit Dir geschehen?

Wo immer Du sein magst, komm wieder zurück...

WINTERTAGE

Der Wind weht eisig,
leise zwirbelnd
durch das müde knorrige Geäst.

Da sitzt du aufgeplustert,
klein und zart,
während die Winterkühle
durch dein Gefieder bläst.

Die braunen Äuglein glänzen klar,
still wartend auf des Lenzes Fest.
So harrst du aus in klirrend Frostigkeit gehüllt,
die dich erschauern lässt.

Erstaunt blick ich dir dort entgegen
und bewundere die Stärke,
die du sanftes Wesen in dir trägst,
die dich der Kälte trotzen lässt
und nicht von dannen fegt.

KORRUPTION KORRUPTION KORRUPTION KORRUPTION
MORAL MORAL MORAL MORAL MORAL MORAL MORAL
KORRUPTION KORRUPTION KORRUPTION KORRUPTION
MORAL MORAL MORAL MORAL MORAL MORAL MORAL
KORRUPTION KORRUPTION KORRUPTION KORRUPTION
MORAL MORAL MORAL MORAL MORAL MORAL MORAL
KORRUPTION KORRUPTION KORRUPTION KORRUPTION
MORAL MORAL MORAL MORAL MORAL MORAL MORAL
KORRUPTION KORRUPTION KORRUPTION KORRUPTION
MORAL MORAL MORAL MORAL MORAL MORAL MORAL
KORRUPTION KORRUPTION KORRUPTION KORRUPTION
MORAL MORAL MORAL MORAL MORAL MORAL MORAL
KORRUPTION KORRUPTION KORRUPTION KORRUPTION
MORAL MORAL MORAL MORAL MORAL MORAL MORAL
KORRUPTION KORRUPTION KORRUPTION KORRUPTION

... **S**o neigt sich nun die Balkenwaage ...
... **W**ohin sie zeigt, das ist die Frage ...

KORRUPTION KORRUPTION KORRUPTION KORRUPTION
MORAL MORAL MORAL MORAL MORAL MORAL MORAL
KORRUPTION KORRUPTION KORRUPTION KORRUPTION
MORAL MORAL MORAL MORAL MORAL MORAL MORAL
KORRUPTION KORRUPTION KORRUPTION KORRUPTION
MORAL MORAL MORAL MORAL MORAL MORAL MORAL
KORRUPTION KORRUPTION KORRUPTION KORRUPTION
MORAL MORAL MORAL MORAL MORAL MORAL MORAL
KORRUPTION KORRUPTION KORRUPTION KORRUPTION
MORAL MORAL MORAL MORAL MORAL MORAL MORAL
KORRUPTION KORRUPTION KORRUPTION KORRUPTION
MORAL MORAL MORAL MORAL MORAL MORAL MORAL
KORRUPTION KORRUPTION KORRUPTION KORRUPTION
MORAL MORAL MORAL MORAL MORAL MORAL MORAL
KORRUPTION KORRUPTION KORRUPTION KORRUPTION